Dirección editorial M.ª Jesús Díaz

Adaptación Ana Doblado
Asesoramiento pedagógico María Luisa García Herrero
Ilustraciones Antonio Albarrán
Diseño de colección José Delicado
Realización y edición delicado diseño

© SUSAETA EDICIONES, S.A.
C/ Campezo, 13 - 28022 Madrid
Tel.: 91 3009100 - Fax: 91 3009118
www.susaeta.com
Impreso y encuadernado en España

D.L.: M-20998-MMXIV

El **Cid** Campeador

Adaptación de Ana Doblado
Ilustraciones de Antonio Albarrán

Los personajes

El Cid

Rodrigo de Vivar,
caballero leal y
gran guerrero.

Jimena

Noble esposa de
Rodrigo, fuerte y
paciente.

Sancho

Rey de Castilla,
gran amigo de
Rodrigo.

Alfonso

Hereda Castilla de
Sancho, es decisivo
en la vida del Cid.

Rey de Zaragoza

Culto rey musulmán.

Ben Yusuf

Feroz guerrero almorávide, llegado del norte de África.

Infantes de Carrión

Nobles que se casan con Elvira y Sol.

Elvira y Sol

Hijas del Cid; no tuvieron buena suerte...

Índice

Capítulo 1
La infancia   11

Capítulo 2
Cambio de reyes   15

Capítulo 3
El destierro   23

Capítulo 4
La conquista de Valencia   30

Capítulo 5
Bodas y ofensas   39

Conoce la historia de...
El Cid Campeador   45

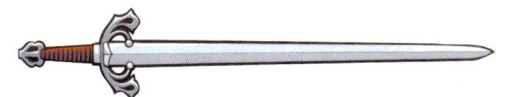

Capítulo 1

La infancia

Rodrigo, al que más tarde todos llamarían el Cid, nació en la aldea de Vivar. Con los monjes aprendió a leer, pero le gustaban más las lecciones que le daba su padre, que había sido guerrero.

Su padre, don Diego, le enseñó a montar a caballo y a manejar las armas. ¡Y se le daba muy bien! ¡Nunca se cansaba de entrenar!

—¡En guardia, papá!

Cuando murió su padre, Rodrigo fue a vivir a la corte del rey, donde en pocos años logró destacar entre todos los jóvenes y le nombraron caballero.

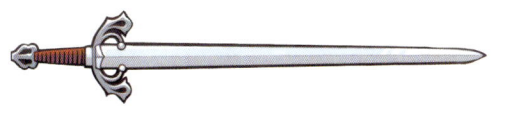

Capítulo 2

Cambio de reyes

Al morir el rey, su gran reino se repartió entre los hijos. El mayor, Sancho, heredó Castilla. Y como Rodrigo era su mejor amigo, le dio un alto cargo en la corte.

Rodrigo sirvió con valor a su
rey en las disputas que surgieron
entre los hermanos: ¡todos querían
más tierras! Hasta que una mano
traidora mató al rey Sancho...

Rodrigo cabalgó tras el asesino para vengar la muerte de su amigo y señor, ¡pero no logró darle alcance!

Alfonso, hermano de Sancho, pronto juró como nuevo rey de Castilla. Como quería ganarse el favor de Rodrigo, que ya era un caballero famoso y respetado, le propuso que se casara con una joven noble, Jimena Díaz.

Rodrigo aceptó y pronto se celebró la boda. Vivieron unos años felices en sus tierras de Vivar y tuvieron tres hijos. Algunos valientes caballeros castellanos se fueron uniendo a Rodrigo.

Siempre que les necesitaba para combatir a los moros de los reinos vecinos, Rodrigo y sus hombres servían al rey con gran éxito. Pero tanta fama le hizo ganarse el peor de los enemigos: ¡la envidia!

Algunos caballeros de la corte empezaron a hablarle mal al rey:

—¡Rodrigo os traicionará!

—Majestad, ¡os roba parte de los botines!

Capítulo 3

El destierro

El rey Alfonso, por desgracia,
acabó creyendo a los envidiosos
y desterró a Rodrigo: tuvo que
abandonar Castilla y dejar atrás
a su familia...
aunque no
se fue solo.

Sus hombres le siguieron, y muchos otros se les sumaron por el camino. Con inteligencia y buenos guerreros, les quitaron Alcocer a los moros. Rodrigo envió parte del botín al rey Alfonso, que se lo agradeció... pero no le perdonó.

El Cid, como ya empezaban a llamarle, se puso al servicio del noble rey moro de Zaragoza.

Para defender la ciudad, él y sus hombres tuvieron que enfrentarse en una dura batalla con el conde de Barcelona, que quería conquistar más tierras.

La lucha fue larga y terrible, hubo muchas bajas en ambos bandos... Pero los del Cid hicieron prisionero al conde y sus hombres se rindieron. ¡Una nueva victoria! Había un solo hombre contra el que el Cid nunca lucharía.

Sí, el rey Alfonso: había jurado
serle fiel a pesar de todo.
Pero un grave peligro
llegó entonces del
norte de África: ¡los
feroces almorávides
de Ben
Yusuf!

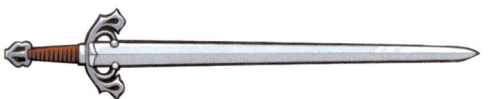

Capítulo 4

La conquista de Valencia

El rey Alfonso, que temía y mucho a las tropas de Ben Yusuf, decidió escribir al Cid: «Si con tus hombres logras tomar Valencia antes de que lleguen los almorávides, prometo levantar tu castigo. Podrás reunirte con tu familia y serás señor de Valencia».

Con la esperanza de recuperar el favor de su rey, el Cid y los suyos lucharon para tomar todos los pueblos de los alrededores y, tras un terrible asedio, ¡conquistaron la ciudad de Valencia!

Algunos hombres del Cid
fueron en busca de Jimena y sus
tres hijos. Tras estos años tan
duros, ¡imaginad lo emocionante
que fue el reencuentro!

Sin embargo, no había mucho
tiempo para alegrías...

Ben Yusuf y sus hombres habían acampado cerca de la ciudad y se disponían al ataque.

El Cid ideó una inteligente estrategia: sus fuerzas eran menores, pero podían atacar por sorpresa. La batalla fue sangrienta, los almorávides eran grandes guerreros... ¡pero los del Cid se apuntaron una nueva victoria!

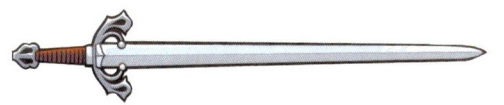

Capítulo 5

Bodas y ofensas

El rey Alfonso, muy arrepentido
del error que había cometido con
Rodrigo, le propuso que casara
a sus hijas, Elvira y Sol,
con dos nobles condes
castellanos. ¡El
Cid aceptó este
gran honor!
Las bodas
fueron en
Valencia.

Los recién casados pasaron unos meses en la ciudad. El Cid y los suyos comprobaron que los condes no eran muy valientes... Inventaban excusas para no ir a las batallas ¡y huyeron aterrados cuando se escapó un león!

¡Quedaron en ridículo varias veces! Como estaban furiosos, los condes tramaron un plan para ofender al Cid. Se llevaron a Elvira y Sol a sus tierras y, en el camino, les dieron una paliza y las abandonaron en un bosque.

Rodrigo, deshonrado y furioso, pidió al rey Alfonso que hiciera justicia. Este, muy enfadado, convocó a los condes y se hizo lo que el Cid pedía: se reconoció culpables a los cobardes y dos hombres de Rodrigo les retaron.

Los condes cayeron en el duelo
y el Cid recuperó su honra. Años
después, moriría sin haber perdido
en su vida una
sola batalla.

Conoce la historia de…

El Cid Campeador

Los juglares y trovadores de la Edad Media contaron y cantaron las hazañas del Cid. En una época en que musulmanes y cristianos se enfrentaban por conquistar lo que hoy es España, Rodrigo de Vivar, batallador incansable, se ganó el respeto de todos.

COLECCIÓN *LEER CON SUSAETA*

Nivel 1. Empiezo a *LEER*

1. Animales de la granja • 2. Fiesta de brujas • 3. Castillos de miedo
4. Historias de ogros • 5. Historias de ponis
6. El porqué de los animales • 7. El porqué del cuerpo humano
8. Adivina adivinanza • 9. Caperucita Roja • 10. Pulgarcito
11. La bella durmiente • 12. Los tres cerditos
13. Fábulas de animales • 14. Historias de Hadas y Princesas
15. El mago de Oz • 16. Historias del Arca de Noé

Nivel 2. Ya sé *LEER*

1. Historias de dragones • 2. Caballeros medievales
3. El libro de la selva • 4. Pinocho • 5. La sirenita
6. Las princesas bailarinas • 7. La Bella y la Bestia • 8. Blancanieves
9. Cuentos españoles • 10. El Cid Campeador
11. El mundo de los tiburones • 12. Los mejores chistes
13. El mundo de los dinosaurios • 14. Historias de aviones

Nivel 3. La aventura de *LEER*

1. La isla del tesoro • 2. El lazarillo de Tormes
3. Las aventuras de Tom Sawyer • 4. Mujercitas • 5. Sandokán
6. La vuelta al mundo en 80 días • 7. Un capitán de quince años
8. La cabaña del tío Tom • 9. La isla misteriosa • 10. Moby Dick
11. Robin Hood • 12. El prisionero de Zenda • 13. Los tres mosqueteros
14. Alicia en el país de las maravillas • 15. Heidi • 16. Romeo y Julieta
17. Los buscadores de tesoros • 19. La hija del capitán
20. Pollyanna • 21. Capitanes intrépidos • 22. Máquinas
23. Miguel Strogoff • 24. La vida en los castillos

Nivel 4. El placer de *LEER*

1. Los viajes de Gulliver • 2. Drácula • 3. Robinson Crusoe
4. De la Tierra a la Luna • 5. Viaje al centro de la Tierra
6. Frankenstein • 7. Veinte mil leguas de viaje submarino
8. Cinco semanas en globo • 9. Ben-Hur
10. Aventuras de Sherlock Holmes • 11. Oliver Twist
12. David Copperfield • 13. Las minas del rey Salomón • 14. Jane Eyre
15. Cuentos de la Alhambra • 16. Corazón • 17. Leyendas de Bécquer
18. Colmillo Blanco • 19. Los domadores de dragones
20. Aventuras de piratas • 21. Don Quijote de la Mancha
22. Dos años de vacaciones • 23. Lawrence de Arabia
24. El diario de Ana Frank • 25. Cuentos de terror • 26. Ivanhoe